142

FÊTE
DU DIX AOÛT.

DÉPARTEMENT DE LA SEINE.

CANTON DE PARIS.

CINQUIÈME ARRONDISSEMENT.

Vingt - trois Thermidor, an VII de la République française, une et indivisible.

Abstulit hunc tandem Rufini poena tumultum
absolvitque Deos.   (Claud.)

DISCOURS

Prononcé par le Président de l'Administration Municipale du 5e. Arrondissement, à la Fête du DIX AOUT, l'An VII.

La chute de Rufin vient d'absoudre les Dieux.

CITOYENS,

S'il est un prestige qui puisse influer, d'une manière puissante, sur l'esprit de la multitude, c'est, sans contredit, celui de la royauté.

En effet, comment cela ne seroit-il pas? ce faste, cette pourpre, ces courtisans, ces honneurs, ces esclaves chamarrés d'or, tout cela parle aux yeux; et l'homme caché derrière tous ces riches hochets, n'est pas fâché qu'on le croie un Dieu, puisqu'il en a le pouvoir et les décorations.

C'est ce dieu oppresseur, c'est ce tyran de la terre, c'est ce fléau de l'humanité,

A

que le Peuple Français a renversé au Dix Août. Cette lutte, sans exemple dans les fastes français, est si belle, si glorieuse, que nous ne pouvons nous refuser au plaisir de tracer, sommairement, les causes qui l'ont amenée, et les résultats heureux qu'elle a eus.

Le Quatorze Juillet avoit dû apprendre au dernier des Capets quelle était la force du Peuple ; mais Capet avait déjà oublié cette grande leçon. Rien ne corrige les rois, pas même le sentiment de leur propre intérêt.

La prise de la Bastille avait naturellement préparé les esprits à la célèbre nuit du Quatre Août de la même année, où fut abolie cette noblesse héréditaire qui, depuis plus de mille ans, avait pesé sur la France. Louis s'en indigna. Déjà d'Artois et les princes du sang étaient passés chez l'étranger, pour nous chercher des ennemis et des bourreaux. Le Peuple savait ces choses, et semblait l'ignorer. Il faut l'avouer, sa longanimité lui a souvent été funeste. La foudre royale se prépare ; le traité de Pilnitz

est signé ; Capet croit le moment propice,
il prend la fuite. Faute salutaire pour nous,
si, dès ce moment, le Sénat eut décrété la
République, qu'appelait d'un bout de la
France à l'autre, le vœu des hommes libres, ou du moins nés pour la Liberté.

Louis est arrêté à Varennes ; il est con-
duit à Paris d'une manière ignominieuse ;
et lorsqu'il est arrivé, on lui détache ses
fers, on lui envoie une députation, et l'on
affermit sur sa tête cette couronne qu'on
lui avait laissée au Quatorze Juillet, et qu'il
avait si lâchement abandonnée en courant
chez l'empereur, pour allumer le brandon
qui devoit embraser la France.

Sans doute nous ressemblions alors à ces
sauvages des bords de l'*Orénoque*, qui frap-
pent leurs idoles, et qui se prosternent en-
suite à leurs pieds, pour en obtenir des
faveurs et des jours sereins.

Que pouvions-nous attendre de Louis ?
des embûches, des trahisons, des calami-
tés, un éternel *Veto*, qui, semblable à la
tête de Méduse, paralysait les Décrets les

plus sages et les plus utiles à la prospérité du Gouvernement.

Cet état de choses ne pouvait point toujours durer. La force d'inertie combat toujours victorieusement la force motrice ; mais c'est la force motrice qui fait marcher les rouages du Gouvernement. Cherchez le point d'appui, appliquez le lévier, et la masse énorme est soulevée. Le Peuple a entendu cette leçon de l'expérience, et le Dix Août a paru.

Sans doute il a paru ; mais une observation qu'on n'a point faite, ou qu'on n'a point voulu faire, c'est que le Peuple, avant de frapper les derniers coups, avait mis dans ses projets, dans sa démarche décisive, une prévoyance, une sagesse, une délicatesse même qu'on n'a pas toujours droit d'attendre des individus isolés ou des sociétés peu nombreuses.

Le Peuple, enfin, s'était levé en masse le Vingt Juin ; il avait traversé le Sénat ; il s'était présenté aux regards de l'homme qu'il appelait encore *son roi*, et semblait

lui dire : « Vois ces bras, ce fer, ces pi-
» ques, ces bandes d'hommes profondé-
» ment ulcérés, qui sont prêts à punir,
» mais qui veulent bien encore pardonner ».

« Dis-nous, automate couronné, que fe-
» rons tes sicaires, tes nombreux cheva-
» liers du poignard contre nous ? La fou-
» dre éclaircira nos rangs, nous mordrons
» la poussière ; n'importe, nos enfans per-
» ceront jusqu'à toi, et tu es mort. »

Louis s'affubla du signe de la liberté, il
promit de renvoyer les ministres prévari-
cateurs ; et le Peuple, toujours confiant,
toujours facile à croire, se retira content.
Bientôt, dans la même nuit, le Comité Autrichien est assemblé aux Tuileries. Louis
parle des affronts qu'il a reçus, Antoinette
exhale sa rage, et la perte de Paris est
jurée.

Les préparatifs se font à la hâte, les
Suisses sont armés, les émigrés rentrés sont
appelés près de leur maître, des Gardes
Nationaux sont égarés. L'or, les places, les
promesses, les festins, tout est mis en usage,

et *le roi des Français* va faire la guerre
aux Français.

Deux mois ne sont pas écoulés, et le dé-
mon des combats a tout préparé pour le
carnage. Le Neuf Août est à peine passé
que tout Paris est en mouvement. On illu-
mine dans les Fauxbourgs. Les Sections s'é-
branlent. Les caissons roulent. On bat la
générale. Le tocsin retentit dans les airs.
De tous côtés on crie aux armes, et les
Parisiens, nombreux, mais disséminés, sans
tactique, sans chef spécial, sans plan d'at-
taque, emportés par leur courage, par leur
indignation, vont faire le siége d'un château
garni de provisions de guerre et de soldats
expérimentés.

Il se présente ce Peuple brave, intrépide
et confiant encore jusqu'à la crédulité ; des
fenêtres, on lui porte des paroles de paix,
des soldats jettent à terre des milliers de
cartouches : ah! (disent les assiégeans) *ils
sont des nôtres, ils déposent les armes,
grâces au ciel, le sang ne coulera point!*
Ils se baissent pour ramasser ces cartouches...... Malheureux, ils se baissent! ils ne

se releveront plus ! le plomb mortel les at-
teint, ils meurent. A l'instant mille cris de
rage se font entendre. Un feu roulant, terrible, part des croisées, des marches, des
cours des Tuileries. Les Suisses, les parti-
sans de la tyrannie se battent comme des
lions. Le canon gronde, les murs en portent
l'empreinte, et long-temps la victoire paraît
incertaine et douteuse. (*).

Pendant que ce bruit de guerre se pro-
longe, les membres du Corps Législatif,
aussi grands, aussi augustes que ces Séna-
teurs Romains, qui attendaient, dans leurs
chaires curules, les soldats de Brennus et
la mort, les membres du Corps Législatif
étaient à leur poste, et délibéraient, comme
si la foudre n'éclatait que pour la célébra-
tion d'une Fête Nationale.

Ils avaient devancé l'événement. Oui, c'é-
tait une Fête Nationale, c'était celle du triomphe du Peuple. Ce triomphe fut arrosé de son
sang, il nous a coûté des larmes. Quels sont les

____

(*) Simulacre du château des Tuileries.

succès qui n'en font point couler ? Héros im-
mortels du Dix Août! s'il est un Dieu juste
et rémunérateur, vous jouissez du prix dû
à vos vertus et à votre généreux sacrifice.
Sur une place, consacrée jadis à l'un de nos
tyrans, s'élève un faible et modeste obélis-
que. Vos noms y sont gravés. Le marbre et
l'airain n'en sont point honorés : les mal-
heurs des temps ne nous ont point permis
de vous dresser un monument, il n'est encore que dans nos cœurs.

GLOIRE IMMORTELLE AU DIX AOUT.
IL A BRISÉ LE TRÔNE.
IL A FONDÉ LA RÉPUBLIQUE.
IL FUT LE TRIOMPHE DU PEUPLE.

Il n'est personne de vous, Citoyens, qui
ne sache que Capet et Antoinette s'étaient
réfugiés dans le sein du Sénat. Quel était
leur dessein ? Cherchaient-ils un asile, en cas
de revers ? ou étaient-ils venus dans l'inten-
tion de mieux observer leurs victimes, et
de les désigner eux - mêmes aux poignards
des assassins ? Cette dernière idée est la
plus propable. Elle est, d'une part, plus

onforme à leur caractère, et, de l'autre,
ne méprise la confirme.

Un homme essoufflé, haletant, les che-
eux épars, couvert de sang et de blessu-
es, se présente à la tribune, et crie d'une
oix de tonnerre : *nous l'emportons*. Les ty-
ans attendaient un signal. La joie brille
ans leur figure, la férocité se peint dans
urs yeux. Erreur passagère, les cris de
ive la Nation éclatent de toutes parts ; Ca-
et et Antoinette pâlissent. Ils tombent sur
ur siège ; le prestige de la vengeance s'é-
anouit ; l'avenir consolant est fermé, et
ien ne s'ouvre plus, pour eux, que la tom-
e qui devait bientôt les dévorer.

Oh ! Dix Août ! journée célèbre qui ne pé-
ira jamais ! ton souvenir fera le bonheur du
ernier Républicain.

Que n'est-il en notre pouvoir de te célé-
rer d'une manière digne de nous ! Tu le fus
ne fois, en l'an premier, quand tout Paris
 rendit sur la place de la Révolution et au
hamp de Mars. Quelle pompe ! quelle so-
nnité ! elle était toute dans le Peuple. C'é-

tait lui-même qui faisait le plus bel orne-
ment de son triomphe. C'étaient des vain-
queurs, se réjouissant sur le champ de ba-
taille.

En face des Tuileries, en face de ce château du crime, le génie de l'Égalité brûla
tous ces titres nobiliaires et féodaux, qui
sont l'appui et l'aliment des trônes, et le
fléau des (*) Peuples.

Ce n'est point assez de les brûler, il faut
les haïr, il faut jurer de ne les rétablir jamais. Il faut faire le serment terrible de
vouer à la mort le premier téméraire qui
voudrait ceindre une couronne, ou l'inso-
lent *Antoine* qui la poserait sur sa tête. Ce
serment se trouve implicitement compris
dans le Dix Août : c'est la journée des
hommes libres, et ceux qui sont faits pour
l'être ne veulent plus ni maîtres, ni tyrannie ; ils ne veulent que *la Liberté ou la
mort.*

VIVE LA RÉPUBLIQUE!

____

(*) Figuration de cette cérémonie expiatoire, foudre, etc.

LE neuf Floréal de l'an 7, à neuf heures
soir, le Gouvernement Autrichien a fait
assiner, par ses troupes, les Ministres de
République française, chargés, par le
ectoire exécutif, de négocier la paix à
stadt.

GUERRE, GUERRE AU GOUVERNEMENT
GLAIS.

MORT A L'AUTRICHE.

VENGEANCE ! VENGEANCE !

De l'Imprimerie de DELANCE, rue de
la Harpe, N°. 133.